아무 일 없는 듯

최태식 시집

상상인 시선 065

심장이 매일 조금씩 깎여 나가고

부서지는 심장만큼 파고를 견딘다

그 사이에 사람들이 밀려오고 쓸려간다

•본문 페이지에서 한 연이 첫 번째 행에서 시작될 때에는 〈 표기를 합니다.
•저자의 의도에 따라 작품의 보조 동사와 합성 명사는 띄어쓰기가 달라질 수 있습니다.

시인의 말

죽은 우물을 긷고

누추한 신발을 물었다

거꾸로 걸었는데

멈춰야 하는지 나아가야 하는지

나 하나 붙잡는 데도 시간이 달아난다

하릴없이 꼬이는 나를 끌고 다닌다

미처 어울리지 못한 것들에 미안하다

차례

1부 너는 긴 여행의 활자를 풀어놓지

수건 접기	19
망각의 바다	20
마법에 걸린 항해사	22
차※ 우림	24
모자이크 양식	26
주장의 안에 산다	28
1,435밀리	30
곡선의 미학	32
갠잔애	33
붉은 달이 피는 손	36
여리고 그리운	38
햇볕 굽기	40
해	42
멍에의 방식	44

2부 미처 풍경이 되지 못한 사물

나를 뭐라 부를까 49
서로가 개밥으로 어두워질 때 50
깡통의 감정 52
퉁소 54
넝쿨 가족 56
사비성沙飛城 58
명성산 억새 60
신발이 신발을 밟아도 62
부러진 손 64
판의 명제 66
소음의 거처 68
발자국을 지우며 70
뻥창에 피는 71
뒤끝의 말 72
숲 이야기 73

3부 끝내 다다를 수 없는

가위바위보	77
함수지대	78
아무 일 없는 듯	80
두 몸을 끌어안은 처음	82
펀치볼	84
몰려드는 어둠을 태우면	86
사과선	88
에덴의 서쪽	90
눈먼 새	92
당신의 동전은 어디에 놓여 있습니까	94
돌지 않는 바퀴	96
그들이 온다	98
반가운 소식	100
우아한 코끼리들의 식사	101
커피 벨트	102

4부 기울어지는 곡선으로 짚어가는 내일

장수풍뎅이	107
Ctrl+C & Ctrl+V	108
벽에 놓은 말	110
콜럼버스의 실험	112
노르망디로 가자	114
스마트 기차	116
그 겨울을 지나던 우리의 자세	117
눈사태	118
풍경 바꾸기	120
청춘	121
폐사지에서	122
네모를 들켰다	124
내 몸에 손대지 말아요	126
스키타이 얼음공주	128
망치고기	130
스며든다는 것	132
해설 _ 여기 우리가 굽어지는 시간 정기석(문학평론가)	135

1부

너는 긴 여행의 활자를 풀어놓지

수건 접기

내 안에 맺힌 당신을 닦아내면
조용한 호수가 떠오르지

나는 당신을
백조라고 불렀어

쉼 없는 물질을 하지만
두 발은 보이지 않아

수건을 접어
수납함에 넣는 수고를 모르지

당신은 접기의 달인
나는 펴기에 능했어

베란다에 칼랑코에가 시들해진 날

당신이 호스피스 병동에서
하얀 손바닥을 펼 때
나는 수도 없이 눈꺼풀을 접었지

망각의 바다

막걸리가 노래를 부르더라고요
삼학도가 눈부셨나요

국유지 돌밭을 허리로 일궈
고구마 대신 생쥐를 키운 날에도
무지개는 떴고 복숭아는 향기로웠어요

뿌리를 등지고
내 땅 한 평 없는 대륙으로 가야 했나요
그것이 마지막 희망이었나요

전쟁에 청춘들이 떨어져 나가도
햇볕은 따뜻했고 수평선은 아득했어요

그래도 총탄을 피해
맨발로 뛰는 핏빛 수수밭에서 살아남으셨잖아요

당신은 계절 없이
고개를 넘어갑니다
〈

지금도 바다는 눈부실 거라는 망상은 하지 마세요
짱뚱어가 뛰고 갯비린내는 여전해요

흔들리는 부둣가에 서서
달그림자를 쫓는 나는
당신의 바다를 자꾸만 밀어냅니다

마법에 걸린 항해사

말뚝에 묶인 행성이 궤도에 오르면
나는 마법에 걸린 항해사가 된다

가야 할 노선을 마주하자
원은 꼬리를 흔들며 균형을 붙든다
배는 선을 따라 둥글게 돌아간다

심장이 매일 조금씩 깎여 나가고
부서지는 심장만큼 파고를 견딘다
그 사이에 사람들이 밀려오고 쓸려간다

개집을 나와 기지개를 켜는 개는
갇힌 원 안에서 시곗바늘을 물고 돈다

개를 풀어놓는다
뛰쳐나가는 거리만큼 원이 커진다

주위를 어슬렁거리던 개가 제자리로 돌아오듯
나는 마트에 가고 주민센터에 들러
집으로 온다

〈
갑판에서 시가를 태우던 항해사가 시계를 보자
머리 위에 있던 해가
침대 너머로 기울고

나는 마법에서 깨어난다

차茶 우림

나는 기다리는 사람

불면의 별이 뜨고 지는 사막
한여름 밤에도 지독한 한기를 느끼지

너는 높고 낮은 산맥을 달려와
새벽 골짜기를 휘감은
출처를 알 수 없는 문맥

댓잎이 안무를 펼치듯
몸에서 퍼져 나오는 입김으로
너는 긴 여행의 활자를 풀어놓지

나는 천천히 우림과 숙우를 거치며
엄지와 검지로 너의 허리를 감싸고
사막여우의 눈으로 가늠하지

순간, 시간은 멈추고
온통 너만 보여
〈

구름 사이로 그어진 달의 문신이
내 손길에 닿으면
너는 빛과 바람의 행적을 멈추고

우리는 비로소 따뜻한 한 몸이 되지

모자이크 양식

업자는 백지를 내놓고
미다스의 손을 펼쳐 보인다

우리는 설레며
성실하게 올라오는 해를 바라본다

미소는 기초에 좋아
나는 아이처럼 웃는다

베일 것 같은 날들 속에서
풍선이 자라고 곧 터져버릴 것만 같다

고성이 오가고
술병이 깨진다

흔들리는 기둥을 서류와 지폐가 지탱하는 동안
이해는 아찔하다

서로의 눈을 겨눈 채
다른 곳을 향한 우리

〈
지붕을 떠받는 약속이 무너지자
물이 새어 나오고
업자는 표정을 숨긴다

차마 구기지 못한 백지가
젖어서 뭉개진다

주장의 안에 산다

길을 가던 고양이와 눈이 마주치자
등을 구부리고 털을 세운다

만난 일 없어
만날 일 없을
고양이와 나는 서로를 경계한다

방향이 다른 우리는
뒤돌아보지 않는다

일순간 골목에 스며든 천만 광년의 빛이 머물고
가파르게 사라진다

나는 매일 광선을 따라가다가
서서히 어둠의 꼬리를 밟는다

현실이 되었다가 환영으로 남는
환영마저 소멸하는

눈 속 어딘가에 빛의 주검이 자라고

망막이 멈추면
묘지 하나가 완성된다

주장의 안에 사는 저 빗나간 것들
어느 것도 묶을 수 없는

1,435밀리

다가가다가
멀어지다가

영화 속 아바타가
이어졌다 끊어졌다를 반복하듯

오늘은 가까워질지도 모르는
그 거리를 믿지 않는

그냥 그 자리에 있어도 좋은
비등점도 빙점도 아닌

철길 위의 시간들이
늘어지고 팽팽해져도
잠시 멈출 뿐

멀어질 수도 가까워질 수도
하나 될 수도 없는
지키고 싶은 표준궤
〈

너와 나는 레일 위에 있고
침목의 거리는 부드럽다

팔 벌리면 닿을 수 있는
1,435밀리

곡선의 미학

나이 이순이 되도록
스스로 일어선 줄 알았다

어머니의 턱이
지상으로 조금씩 내려갈 때마다
나는 그만큼씩 일어섰다

어머니의 정수리를 누른 중력
그것은 바로 나의 직립이었다

모진 시간을
휘어지며 견딘 어머니는

굽은 몸으로
백년송이 되었다

갠잔애

돌출된 광대뼈
충혈된 눈
막걸리를 마셔 벌게진 코

집 없는 동춘이 아저씨랑
한식구로 살았다

먼산 아득히
나무마다 파랗게 취해가면

두 손 모아 입에 대고
뻐꾹뻐꾹 봄을 부르고

빈 막걸릿병처럼 나동그라져 있다가도
새벽과 함께 괭이 메고 나가는

뒷모습 따라 그림자만
앞서거니 뒤서거니

괭이질하는 옆에서 풀을 고르다

찍힌 내 발등
밥 먹고 똥 싸면 싹 나사브러 야
갠잔애 갠잔애

흙이 튀어 눈에 들어갔다
눈 뒤집어 까봐라 잉
암시랑토 앙크만
갠잔애 갠잔애

때 지나 밥 먹으러 가면
아따 시장해 불것소
갠잔애 갠잔애

기어들 움막에 피붙이 하나 없어
마음속 화산 하나쯤 있었을 텐데도
갠잔애 갠잔애

고된 몸을 추스르며
빈손을 기대던 그 말
〈

그를 닮아 나도 덩달아 무뎌졌다

설 자리를 잃을 때마다
외진 감정을 더듬어 본다

가시를 모두 빼낸 말
갠잔애 갠잔애

붉은 달이 피는 손

붉은 신호가 온다

어둠 속에 핏발이 선다
잠깐의 방심은 미끼가 싫어하는 기척

달빛은 해독하기 어려운 미소를 띠고
숨죽이는 바다

가늠할 수 없는 시간 속에
긴장의 유혹을 매달고
생각의 다리를 건너간다

손에 느껴지는 붉은 달빛
생과 사의 경계가 발끝에 모이고

죽음이 서서히 고개를 들면
물결을 놓친 생은
펄떡이는 자국마다
그림자를 남긴다
〈

비릿해지는 달빛을 받아낼 때
흑빛 바다가 두렵다

여리고 그리운

붉은 태양과 황토밭이었다

섬진강 수몰민 이주로 후생촌을 만들고
빈집은 전쟁 난민으로 채워졌다

매일 욕설과 주먹다짐이 오갔지만
죽거나 반병신이 되지 않는 한
지서는 멀었다

나는 먼발치부터 목청을 다듬고

고향은 뒤꼍 감나무이거나
고추 포대를 메고 비닐하우스에서 나올 것만 같은 아버지
밀린 납부금에 고구마를 캐던 어머니 코에 맺힌 땀방울
새벽에 출산하고 콩밭 매던 작은숙모

됫병에 막걸리 한 되 받아 오다
너른 상석 앞에서 쉴 때

나는 아버지를 몰랐다

취기가 오른 아버지는
홀아비로 팔 남매를 키운 할아버지 산소로 가서 해 질 녘까지 울었다

잘게 떨리는 입술을 물고
상여 따라 한 바퀴 돌았던
집 주위 밭두렁과 산비둘기를 품던 뒷산

그렇게 해는 기울어가고

햇볕 굽기

옥수수 알갱이 같은
조무래기들

겨우내 웅크린
불씨 하나 옮겼는데
어찌나 봄이 잘 번져가던지

불길이 오르자 환호성을 질렀지
군고구마처럼 따뜻했어

이불 속에서 해소를 앓던 할아버지
장판에 붙은 등짝이
줄 풀린 송아지마냥 뛰어나가

우당탕
툇마루가 무너지도록
빗자루를 들고 고함을 질렀지
그걸로 후려칠 줄 알았어

우리는 놀란 콩알이 되어 튀었는데

할아버지는 가슴을 쓸어내리며
지근지근 밟은 불씨에 기침을 쏟아냈어

그게 화근이었을까
나는 환절기마다 며칠씩 몸살을 앓아

해

마을에 병든 해가 돌아다녔다

여섯 살에 고아가 된 그녀는
숙모 집에서 자랐다

가진 것이라고는 식구가 전부인
시댁으로 등 떠밀려

돌밭을 추스르며 화풀이할수록
가슴엔 검은 해가 박혔다

새벽마다 해와 일전을 앞두고
부지깽이를 담금질했다

손톱은 똥독으로 짓뭉개지고
손아귀엔 늘 한 줌의 잡초

계절이 기울면 한 톨의 해도 아쉬워
서리태 꼬투리를 잡았다
〈

그녀는 이제
부지깽이 대신 지팡이를 들고 나선다
신발을 돌려놓으며
내가 말한다

해를 놓아주세요

멍에의 방식

아버지는 힘에 부치면 술을 마셨다

비틀거리는 그림자를
고삐가 따라다녔다

팔자의 다른 이름은 멍에
낮과 밤 가릴 것 없이
숨어 있다 나타나는 질긴 배후

글자를 고쳐보려
아버지는 새벽부터 줄을 당겼다

긁히고 가죽이 벗겨져
이마에 깊이 새겨진 자국은

잠깐 몸을 뉘어도
목덜미를 잡고 옥죄었다

벗어나려 할수록 덧씌워지는 무게
하루가 우두커니 쌓이고

뻥 뚫린 코뚜레 속으로 시간이 새 나갔다

굽은 곳만 옮겨 다니는 기생의 습성
멍에의 숙주는 내 등이 되었다

2부

미처 풍경이 되지 못한 사물

나를 뭐라 부를까

그는 더러운 동네에 살아

발목에 오물을 적시며 청소일을 하지
일을 마치면 다시 악취 나는 곳으로 가

나는 깨끗한 밥 한 번 준 적 없어
그는 살려달라고 싹싹 빌고
내 몸에 달라붙어 애완동물처럼 굴지

철저하게 숨긴 살의가
순식간에 덮치면

영문도 모른 채 죽어가는 주검은
마치 전차에 깔린 군마 같았어

그 일에 죄책감을 가진 적 없는 나는
오히려 요놈, 하고 쾌재를 부르지

매일 굽신거리며 사는
나는 전생에 파리였을지 몰라

서로가 개밥으로 어두워질 때

사흘 만에 개를 본다
마당 한 켠 구름도 담지 못한 개밥그릇

아무것도 차오르지 않는
허기는 나의 부재만큼 길어지고
그림자만 쌓여 가던 그릇엔 기다림만 남아 있다

나는 개의 시선을 끌어당기고
개는 눈칫밥에 꼬리를 세운다

던지는 뼈다귀를 향해 돌진하는 개

붉어진 눈이 달려가 덥석 물어보지만
단단한 서열 앞에서 슬금슬금 뱉어낸다

줄 서 있는 갈채 속으로 한 사람이 걸어간다
그를 따르는 가방을 든 그림자

아래로만 던져지는 절망에도
죽지 않고 살아온 우리
비에 불어 퉁퉁 떨고 있다

〈
서로가 개밥으로 어두워질 때
종일 비가 내린다

깡통의 감정

나는 사회적으로 버림받은 자
매일 죽어가는 꿈을 꾼다

바깥을 향해 출렁거리다
나를 들킨다

부푼 꿈이 생각에 그쳐
침묵은 의젓하다

밖에서 문을 열려고 할 때마다
채워진 것들이 비틀거린다

견디지 못한 안쪽이 터진다
뻥
오랫동안 묵었던 어제가 콸콸 쏟아진다

안이 비워질 때마다
소문이 소문을 부른다

내 몸에 침을 뱉고 담뱃재를 턴다

허리를 부러뜨리고 발로 차는 세상

윙윙 헐떡거리며
오늘을 구른다

퉁소

창밖 감나무를 엿보다가
낯선 그림자라도 비치면 홍시처럼 물컹해져
가지 끝에 소리 없이 매달렸다

방에 박혀 굴러다니는 나를
어머니는 방안 퉁소라고 불렀다

몸 밖으로 구멍 하나씩 내자
얼굴이 단단해졌다

몸을 빠져나간 소리는
조금씩 울타리 너머를 넘보기 시작했다

가끔 웃자란 보리밭에 퉁소 소리가 일렁였지만
사람 앞에서는 막혀버리는 구멍들

여러분은 보리가 아닙니다

보리를 굽어볼 무렵
나는 감나무 아래 확성기로 커가고

〈
흩어진 고향을 부르는 날이면
어머니 눈시울 앞에 퉁 소 한 마리 떨어진다

넝쿨 가족

너희들도 굵어져야지
몸뻬 입은 어머니가
삶은 고구마를 양푼에 내놓으면

우리는 다투어 먹고
붉은 똥을 쌌다

고구마꽃 같은 누이는
고등학교 문턱에 막혀 퍽퍽해졌다

누이의 눈망울이 헛간 옆에서
서걱거릴 때

속이 검게 탄 어머니는
동치미 한 사발로 먹먹함을 달랬다

밤송이로 채운 흙벽을 뚫고
나는 내일로 도망갔다

당신이 떠난 자리

붉게 물든 누이가 울고
우리는 넝쿨째 말문에 걸린다

사비성 沙飛城

서해 바닷가에는
모래로 성을 쌓는 사람이 있다

별자리로 설계도를 만들고
수평선을 향하여 먹줄을 그으며
해안을 통째로 잇는다

바람의 긴 혀에
건물 한 귀퉁이씩 쓸려나가면
그때마다 끊어졌다 이어지는
낮은 뱃고동 소리

가라앉는 삶을 떠받들며
물때를 맞춘다

긴 얼굴이 수면 위를 비추고
불안한 하루가 철썩일 때

서쪽 하늘에는
붉은 작업복이 매달린다

〈
그는 어떤 꿈을 짓는 것일까
어차피 내려올 걸 왜 오르느냐고 묻자
갯바람 두른 한숨이 부서진다

어제의 반대편이 환해지자
인부들이 몰려온다

명성산 억새

함께 울어주는 곳이 있다

오름길 단풍은 만장처럼 펄럭이고
계곡 물소리는 상엿소리로 멀어진다

오르고
오르다 보면
고개 숙인 문상객들이 있다

은빛 물결이
들썩이는 어깨를 어루만진다

아픔도 눈이 부신가

흰 구름 돌아가는 파란 하늘
햇빛은 쏟아져 환한데
창백한 계곡으로 떠나가는 꽃가루

시린 줄기 붙들고
찬 서리를 맞을 때

〈
저편으로 떠나보낼 수 없는 나는
기억을 삼키며
계절을 웅크린다

신발이 신발을 밟아도

미처 풍경이 되지 못한 사물의 실루엣
밤이 끌고 가는 골목이 느슨해지면
선잠 거두고 허겁지겁 달려 나간다

벗겨지지 않으려는 안간힘

속이 훤히 들여다보이는 나를
전단지 구겨 던지듯
아무 곳에나 벗어 놓는다

이리저리 굴러다니는
헐거워진 슬리퍼

눈비 오는 곳에서 엿듣는 발자국이
다시 일어서는 기억에 밟혀도

딱 맞지 않은 종종걸음 디디며
달려온 바닥들

신발이 신발을 밟아도

며칠씩 속 열어 놓고 뒤집혀 기다리는

발가락에 매달려 비틀거리는 몸으로
나를 끌고 다닌다

부러진 손

비 내리는 산길
풀숲에 무덤 하나 누워 있다

손을 놓쳐버린 봉분이 판판하다

오랫동안 깎였을
평원의 기록

무덤을 쓰다듬던 손이 멀어질 때
육을 놓은 시간의 뼈

잡초 속 버려진 우산 하나
천이 찢겨지고 살이 너덜거린다

잡았던 인연이 접히자
삭힌 살을 놓았을 우산의 뼈

계속 비가 내린다
무덤도
우산도

편안하다

차마 놓지 못한
발걸음이 뒤를 돌아본다

무성한 풀이 손을 덮는다

판의 명제

장이 열리자
닭들이 환호성을 지른다

외발로 밀쳐내야 살아남는
흰 닭과 검은 닭

규칙은 몸체와 부리로
상대를 넘어뜨리는 일

홰를 친다
목에 핏대를 올리고 털을 세운다
발톱으로 상대의 가슴을 헤집는다

새로운 별자리를 만들면
일찍이 없었던 지상낙원이 될 거라고
바람을 불러 모은다

광장을 찢는 격앙된 외침에
모두 갈채를 보낸다
〈

그 목청으로
매일 새벽은 태어나도

선수가 울타리를 벗어나는 순간
아침이 품은 알은 사라지고 없다

소음의 거처

식탁에 침묵이 차려져 있다
녹슨 말을 숟가락으로 떠먹는다

아이들 소란을 삼켜버린 거실
마주 보는 우리는 정물이 된다

유튜브에선
구독을 사주하는 알고리즘
말이 말을 생성한다

소리를 수소문하면
손가락을 빨고 좋아요를 씹으며
통장은 밤낮없이 숫자 게이지를 높인다

너와 나의
숟가락 소리에 말하는 입은 닫히고

벽에 걸린 사진이 어울리지 않는 무게로
낮은 웃음을 변주한다
〈

열리는 속도만큼 쌓이는 화면들

소음을 포장해
가볍게 휴대한다

다시 소음을 찾아 나선다

발자국을 지우며

겨울볕에 앉은
노인의 그림자 같은 달력 한 장

검은 하늘에서 흰 비둘기 떼 내려온다

놓지 못한 몇 잎 붙잡은 가지 위에도
늦은 밤 택배기사 어깨 위에도

돌아보면 눈 위를 걷는 발자국
선명하거나
금세 지워지거나

닳아진 신발만큼 달려온 시간
미끄러져 간다

나는 마지막 남은 달력의 목덜미를 끌어안으며
가파르게 매달린
해진 꿈을 뜯는다

밤새 눈이 내린다

뼝창*에 피는

동강을 굽어보는 바위틈
자줏빛 저고리 여인

오백 리 물길
뗏목 타고 떠난
남편을 기다린다

젖은 발이 얼마나 시렸을꼬
퉁퉁 부은 발목을 생각하며

바위 아래
물만 쳐다보다
백발로 야위어간 꽃

한 줄기 봄볕을 향해
살며시 고개를 든다

---

* 절벽의 강원도 사투리.

뒤끝의 말

앞자리에 있었다
기습을 당하기 전까지는

뒤통수를 맞고 균형을 잃어
슬금슬금 뒷걸음쳐
몸을 숨긴다

웅크릴수록 조여 오는 발길
멍든 자리에 돋아나는 가시 돋친 말

자꾸 뒤를 돌아보며
불안한 마음에 의심하는 눈이 밟힌다

바닥을 무릎으로 견디며
기다리는 말문 터지는 날

더는 도망칠 수 없는 벼랑에서
감춰둔 말의 송곳니가 드러난다

숲 이야기

루페를 들면
숲이 보일 것 같아
가던 길을 멈춘다

제 모습을 감춘 숲에서

나무와 꽃
곤충을 본다

어느 순간 발목을 붙잡는 루페의 몰입
숲에 들어간 내가 숲이 된다

숲이 어렴풋이 보일 무렵
숲 뒤에는
해와 달이 있고

나는 잠시 길을 잃는다

3부

끝내 다다를 수 없는

가위바위보

사내는
지도 위쪽 벼랑 끝에 산다

땅만 파다 별을 꿈꾼다

아찔한 그의 일과는
근육을 키우는 일

관심이 등 돌리면 공중을 향해
폭죽놀이를 벌인다

주먹 한 방이 동해상에 떨어지고
전 세계로 속보가 펼쳐진다
우리는 고르게 잘린 공원을 걷는다

아무 일 없이 밥을 먹고

함수지대
- DMZ

이곳은 불이 모인 곳
버섯구름을 일으킬 수 있는 분화구

수많은 자칫과 멈칫을 숨겨놓은 곳

프레리도그의 눈들이 번쩍이는 곳을 따라가면
핏발로 마주 보고 있다

새를 나눌 수 없으니 땅을 나누었다
구름을 가를 수 없으니 강을 갈랐다

오천 년 오랑캐로 향하던 분노의 화살이
너에게로 향한다

능선, 골짜기마다
가득 쌓이는 극한을 안고
서로의 몸을 겨눈

우리는 오랫동안 한솥밥을 먹었다
〈

언젠가 터질 고라니의 외마디를 피해
딱 그만큼만 거리를 두는

우리만의 방정식으로는
풀 수 없는 철조망

아무 일 없는 듯
- 오두산에서

언젠가 한 번은

아니 이대로 가다가는
백 년 후라도 좋겠다

죽은 자 산 자
한날한시에
모두 불러

얽히고 설킨 매듭
통한의 보따리

잘린 허리 마주 앉아
풀어놓으면

어둠에 묶인 당신의 소리
물길 닿는 온 산하
저 김포, 관산 노을빛으로 물들어갈까

태초부터 서해로 흐르는

무심한 남북 합수물처럼

끝내 다다를 수 없는 고요의 땅 위로
아무 일 없는 듯, 아무 일 없었던 듯
태연한 척 오늘을 기록할 수 있을까

* 경기도 파주에 있는 산.

두 몸을 끌어안은 처음
- 두물머리

납작하게 기다가
땅속에 숨다가

수증기가 되었다가
구름이 되었다가

다른 길과 하나 되어
한껏 몸을 바꿀지라도
물은 길을 포기하지 않았다

시간을 갈아타며
기다림 하나로 버텼다

처음부터 하나였을까
마치 오래전 사람처럼

너와 나
피를 나눈 이산가족
뼛속을 뚫고
〈

어디로 가느냐고 어떻게 왔느냐고
물어도

부둥켜안고 앞으로만 나아간다

펀치볼

구름이 몰려왔지

구름 떼가 부딪쳐 불벼락 치는 소리
산이 쪼개지고 물길이 뒤틀렸지
몇 날 며칠을

앞에도 총부리
뒤에도 총부리
차라리 앞으로 나아가는 게 나았어

너 대신 죽을 순 없잖아
악귀의 본능만 남아

뺏고 빼앗기고
올라갔다 내려오고

앞뒤로 좌우로
산 겹겹 주검 겹겹

산을 넘으면

금방 끝날 줄 알았어

산 뒤에는 뭐가 있지
사람들은 기억이나 할까

그때 그 자리
"청정지역에 고물상이 웬 말이냐
국유지 개간 금지"

여기는
탈색되어 가는 비문처럼
텅 빈 전시관처럼

몰려드는 어둠을 태우면
- 황토현에서

갑오년 저쪽
서 마지기 전답에 등짝이 붙어
빈 그릇 불려봐도 모자란 양식

이 집 저 집 기웃거리며
햇살마저 갉아먹는 쥐들

고부에 가보면 안다
화전 칠 자리도 숨어들 동굴도 없다는 걸

벼는 높낮이 없이 평평한데
쥐들은 알량한 구멍에다 벼슬을 물어 날랐다

불을 놓아 온천지를 태워버리고 말지
모닥불에 모인 불씨들이
언 손을 비비며 수군거렸다

불이 뭉치니 함성이 일고
충혈된 눈에 강물이 뒤집혔다
〈

앉으면 죽산 서면 백산
분노가 벌판을 적셨다

진눈깨비 내리던 음산한 초겨울
우금치를 넘으면 어둠도 환해졌을까

백 년도 더 지난 오늘
넋으로 채우는 들판

사과선

기항지마다 사과가 넘쳐난다

경고음이 울리지만
화물의 정량을 통제할 선장이 더 싣는다

모두 사과 향에 비틀거린다

중량을 견디지 못한 배가 서서히 기울어지고
사과탑이 무너진다

발 사이로 구르는 사과에 내가 걸려 넘어진다

아우성 속에서
사과도 없이 누군가 해결해 주기를 기다린다

멍든 사과가 향기로울 것이라고 믿는
사과에 중독된 사람들

풀린 동공 밖으로 물이 차오르지만
누구도 사과하지 않는다

〈
향이 푸르고 고요할 때
진정한 사과가 되는 거라고
깊은 물이 말한다

에덴의 서쪽

기차가 철로 위를 질주한다

환승역은 무정차 통과한 지 오래
서쪽으로 향한다

버려진 것들은 배경이 된다

비를 맞으면
거꾸로 자라는 사람들

금단을 잊은 땅
곳곳에서 연기가 오르고 열기가 대지를 달군다

뜨거운 바람이
콘크리트 틈새로 스민다

해가 지지 않는 나라는
더 이상 축가가 아니다

에덴동산에서 쫓겨난 무리가

길 끝에서 길을 부른다

해가 걸려 넘어진 산마루에
동쪽을 향한 죽은 나뭇가지

기차가 휘어진 선로 끝에서 레일을 찾는다

눈먼 새

고속도로를 달리던 트레일러
바퀴가 빠진다

회전축을 이탈한 바퀴는
화식조로 공중을 날아다닌다

몇 번의 변종을 거친 새는
배회하는 광기가 된다

한때 코끼리였던 새가 날개를 펼친다
날카로운 발톱이 행인의 뒷통수를 할퀸다

태평양 지각변동이 물의 정수리를 때리자
서핑을 즐기던 날개는 백상아리로 변한다

새 한 마리가 나타났다는 경보가 울리고

나는 사나운 환경 속에서
익숙한 것들을 내려놓는다
〈

새가 날아간다
그들은 수시로 머리를 풀어 헤친다

당신의 동전은 어디에 놓여 있습니까

오늘도 동전 뒤집기 놀이를 한다
면이 바뀌는 곡에

가끔 땅에 떨어지는
풀숲에 떨어져 보이지 않는
손길을 뻗어도 닿지 않는
옆면을 건지지 못한 동전이 어디론가 튀쳐나간다

나는 손바닥을 오므렸다가 폈다가
다시 동전을 흔들어 본다

그럴 때마다 동전은

달이 되었다가 별이 되었다가 가까워졌다가 꽃이 되었다가 밀물이 되었다가 썰물이 되었다가
수면 위로 떠올랐다가 가라앉았다가

벤치에 앉아 입술에 동전을 놓는다
〈

애인을 안고 일어났는데
동전이 떨어진다

돌지 않는 바퀴

베란다에서 저무는 해를 바라보며
사람들은 둥근 스테이크를 자른다
부드러운 장면에 이렇게, 관객일 수가

영화는 째깍째깍 소리로 시작한다

늙은 뼈로 딱딱해진 축이
중심을 잃고 삐걱거릴 때
목련꽃 위로 장맛비가 내린다

승천하는 용트림으로
흑룡강 둑이 무너지고 바퀴가 물에 잠긴다

멧돼지가 마을로 돌고
비오톱에는 귀뚜라미가 웃는다

바퀴 밑에는
폐그물에 걸려 죽은 바다거북과
오일을 뒤집어쓴 물개
〈

벗어나려는 몸부림에
헛도는 소리뿐

25시˚를 향하는 시계 소리가 점점 가깝게 들린다

* 루마니아 작가 게오르규 소설.

그들이 온다

정전으로 엘리베이터가 꺼졌어
자율 주행차가 도로에 멈춰 서고
계속해서 차가 부딪치자 고속도로가 막혔어
항법 시스템이 마비된 비행기가 추락하고
죽은 비행사가 피를 흘리고 있어
커다란 유조선이 모래사장으로 들이닥치고 있어
외계인의 소행인지도 몰라
숲속에 사는 사슴이 아래로 내려오고
홍학들이 수영장으로 몰려왔어
국가 비상사태 문자가 왔지만
우리는 하루 종일 휴대전화를 만지작거렸어
가성비 최고의 프로그램이 결국 우리를 망가뜨렸어
어디선가 심란한 음악이 흘러나왔어
낯선 여자가 도로에 서 있었어
자기는 신이 구해줄 거라고 말했어
여자를 안고 그녀도 나를 안고
인간은 끔찍한 존재지만 서로를 의지했어
종말에 대해 아무도 말해 주지 않았어
내가 아는 거라곤 모른다는 거

수영장에서 본 홍학들이 뭔가 말하려고 했어

* 재난 영화 〈리브 더 월드 비하인드〉를 보고.

반가운 소식

코끼리가 쓰레기를 먹어요

쓰레기를 먹어 없애다니
이건 정말 반가운 일입니다

쓰레기를 모아 두면
코끼리들이 모여들겠죠

코끼리의 소화기관은
무쇠처럼 단단해질 거예요

플라스틱도 씹어 먹고
유독가스 미세먼지도 긴 코로 빨아들여요

코끼리는 새끼를 낳아요
미친 우량 코끼리가 탄생합니다

모든 걸 먹어 치워요
먹잇감이 차고 넘치죠

못할 게 뭐가 있나요

우아한 코끼리들의 식사

 밥그릇이 왜 이렇게 커요 코끼리가 될 것 같아요

 꿈에 검은 논바닥을 보면 유령 캐스퍼가 나와요 식구들이 메뚜기처럼 모여 수저 춤을 추었다는 이야기는 식상해요 주걱에 맞은 뺨을 핥던 흥부 이야기도 재미없어요 쌀 한 줌에 둑새풀을 잔뜩 넣어 늘려 먹었다는 것도 나는 몰라요 거리거리 빵이 있고 커피가 있어요 커피를 들고 걸으면 모던한 내가 되죠 마시안 해변을 걸어요 방금 구운 달팽이 빵은 산뜻한 셰프 모자를 닮았어요 엄마와 이모의 탄성 속에 빵이 자라죠 나는 그림 속 풍경이 되어요 뭉크도 프란시스 베이컨도 프리다 칼로도 기계에 넣고 뺑 튀겨요 몸이 공중 부양하게요 뒤뚱거리는 백조 알바트로스가 될 수 없어요 날개를 걸어주세요 나는 카페에 우아하게 앉아 있어요 그곳은 당신을 만날 수 있는 곳 따뜻한 컵을 손으로 감싸며 생각에 잠기죠 벽에 걸린 유화 속엔 파란 하늘과 밀밭길 풍경 소들이 풀을 뜯어요 향긋한 치즈 냄새가 나요 물결 속으로 새들이 날아요

 그녀가 숟가락을 놓고 포크와 나이프를 쥡니다

커피 벨트

입석 열차를 탔다

좌석에 모바일이 앉아 있고
창밖 풍경이 혼자 달린다

국경을 넘는 난민을 향해
기마경찰이 채찍을 휘두른다

한 뼘 어깨너머는 다른 세상
이쪽은
먹방이 차려지고
저쪽은
축구 경기가 한창이다

기울어진 회귀선은 경계를 세우고
나는 저 몰입을 넘을 수 없다

서 있거나
앉아 있거나
〈

종착역에 도착해도
모바일은 계속된다

앞으로도 저희 철도는 고객님의 소통을 위하여
최선을 다하겠습니다

4부

기울어지는 곡선으로 짚어가는 내일

장수풍뎅이

검은 피사체는
빛을 등지고 있다

큰 몸집을 앞세워
땅만 보고 간다

죽을힘을 다해
생의 모둠을 움켜잡는다

자기 몸무게의 50배를 이고
몸이 뒤집히면

그때 비로소 하늘을 본다

다시 일어서려는 안간힘
마침내 눈을 감는

아버지처럼

Ctrl+C & Ctrl+V

댓글이 달린다
댓글이 출입구 신발처럼 어지럽다

댓글이 이어 달린다
댓글은 모범주자
많이 뛰어본 솜씨다

댓글이 염한다
댓글이 입관한다
댓글이 곡한다
댓글이 운구한다
댓글이 따라간다
댓글이 기다린다
댓글이 봉한다
댓글이 안치한다

며칠 동안 비워둔 방은 눈치로 채워지고
달리던 댓글은 은근슬쩍 발을 **뺀다**
경기가 끝난다

눈발이 날린다

삼가 고인의 명복을……

벽에 놓은 말

입속에 말이 자란다

참을 수 없는 당신은
말 한 마리 꺼내어 벽에 놓는다

세상에 닿지 않는 구석 말
감추고 싶었던 말의 종자가 생명을 얻는다

말은 변종의 싹을 틔운다

당신은 표정을 삼키고
자리를 뜬다

누군가는 편안한 자세로
당신의 말을 들여다보고

누군가는
몰래 주머니에 넣어가 풀어놓는다

말은 빛의 속도로 자란다

벽을 넘은 말이 갈기를 세운다

말을 바꿔 타며
전파의 날개를 달고 달리는 말

접힌 눈을 번득이며
낯선 곳에 닿는다

누군가 발굽에 짓밟힌다

콜럼버스의 실험

탁자 위
계란이 무료하다
견디지 못한 시간이 일렁인다

안이 바깥을 지배한 트로이 목마
바깥이 안을 경계한다

껍질을 쓰다듬는 손
손바닥과 푸른 손등을 번갈아 바라본다

일상을 흔드는
단단한 껍질을 깬다

톡톡
한 생명이 실험이라니
안에서 비릿한 물결이 흘러나온다
새로운 항로를 그린다

안쪽 손금은 이어지거나 끊어지거나
밖으로 나가는 길은 반투명 유리창

〈
내가 꿈꾸는 수평선에
배를 띄운다

기울어지는 곡선으로 짚어가는 내일

노르망디로 가자

지난밤 야간 기습으로
적군이 고지를 하얗게 덮었어

새들은 합창을 멈추고
작은 싹들이 움츠렸지

지키려는 자
돌파하려는 자
방어 진지를 뚫으려면 교두보가 필요해

노르망디로 가자
바뀌는 세상을 보자

해안을 밀고 오는 바람의 상륙전단
하늘을 뒤덮은 검은 수송기

낙하하는 빗방울이
땅에 닿자
얼어붙은 생명이 환호한다
〈

가지 사이로 새가 올 무렵
버드나무도 연두색으로 바뀌고

빗줄기 굵어진다
문을 열어 봐
산이 점점 봄을 입고 있어

스마트 기차

손가락 하나로 모든 게 달려간다

앉아서 쇼핑을 하고
공과금을 내지

저장된 책을 읽고
온라인으로 수업을 하지

빠르게 지나가는 만남과 이별
불필요한 감정은 통과하면 그만

객실에서 나는 더 바빠
노란 좌석 빨간 좌석 어느 쪽으로 기울까

결혼은 하고 싶지만
고속철을 포기할 수 없거든

마약보다 진한 중독
말 잘 듣는 뽀삐나 태울래

그 겨울을 지나던 우리의 자세

바람은 한 곳으로 불었다

되풀이되는 어제 속에
미끄러진 말이 벽에 박혔다

서로를 막아주던 눈꺼풀은 얇아지고
손을 잡아도 더 이상 뜨겁지 않았다

방은 깨진 유리보다 차가워
베란다에 날 선 고드름이 거꾸로 자랐다

같은 침대에서
다른 그림을 껴안고

너는 창밖을 바라보고
나는 빛바랜 사진 속으로 들어갔다

눈발이 굵어질수록 내려앉는 우리
곧 폭설이다

눈사태

우리는 오랫동안 갇혀 있었고
켈트족의 유령들을 보고 싶었어

서울 한복판에 고대의 눈이 온다니
서늘한 조명 아래
눈 오는 거리
얼마나 낭만적이야

험상궂은 눈사람을 만들 거야
겁먹지 말아
순백의 눈이야

환호하고 소리를 질렀지
눈덩이에 미끄러진 아우성에
아무것도 들을 수 없었어

눈이 눈을 밀고
눈이 눈을 밟고
막다른 골목이 끌어당기고
〈

파도가 되었다가
비명이 되었다가
빙벽에 매달려 있었지
마침내 녹아내렸어

산이 통째로 흔들린 거야

풍경 바꾸기

나를 가둔다

변기통 쪽창으로 보이는 바깥은
시치미를 뗀 일상이다

매일 바지를 내리고 부끄러운
하루를 드러낸 채
은밀한 이야기를 꺼내놓는다

그 습한 소리는
죽비로 다가온다

물을 내리는 순간
허물도 다 씻겨 내려가지만

언제 그랬냐는 듯
내 속엔 다시 속물이 채워진다

청춘

갑작스런 일이다

목왕리 벚고개
자전거 행렬 따라
공중에도 땅에도 봄이 수북하다

한바탕 돌풍에 젊음이 주저앉고
벚나무 눈물 훔치던 날

아스팔트를 삼켜버린 안개
골목을 휩쓸고 간 발자국

늘 그런 줄 알았다
그럴 줄 알았다

우당탕
쫓겨간 내가 그랬다

폐사지에서

목이 잘린 채 물속에 박혀
형체를 알 수 없는 불상

찢긴 비문의 여백을
소문이 메우고

전시관 한쪽에는
육탈한 바람이 있다

빈터에 소원이 부서진
주인 없는 기왓장

천 년 동안 자리를
지켜왔다는 신령에게 묻자
느티나무 가지가 흔들린다

쌓은 돌탑은 백골로 누워
땅의 경전을 읽고 있다

누구도 망한 절에

동전을 던지지 않는다

나의 폐사지는
세우지 않았으니 무너질 일도 없겠다

네모를 들켰다

각은 수비수였다
그녀는 원을 바랐지만
나는 각을 갖추었다

구르고 싶을 때마다
깎일까 두려웠다

티브이에서 각진 얼굴들은
자주 충돌하였고
옹색한 나는 두부를 잘라 먹었다

그녀는 나를 향해
달을 꺼내 보였다
보름달을 먹고 싶다고

내가 초승달을 내밀자
빛은 반사각에서 굴절되었다

나는 네모를 벗어나려고

그녀의 미소 뒤로 숨었다

달은 상현으로 부풀고 있었다

내 몸에 손대지 말아요

접근 금지!

뼈를 드러낸 건물 앞
현수막이 단호하다

처음부터 달랐을까
갈수록 벌어지는 숨소리

흔들리는 악천후에
몸을 맞대 보아도
습기만 눅눅한 손길

속고 속이다가
돌아갈 수 없는 맹지
오를수록 위태롭다

바닥에 뒹구는 폐자재
무너지거나 말거나

채워놓은 갈등으로 세운 유치권

〈
몸을 뒤집어 약속을 밀어낸다
붉은 호흡이 가쁘다

스키타이 얼음공주

시계는 멈추어 있다
동굴에 익숙한 그녀는 늘 어둠을 응시한다

그녀는 말의 연금술사
피부 깊숙이 그리핀 문신을 새기며
그물 속에 화살을 키운다

빙하가 기원인 스키타이 얼음공주
오늘은 어떤 말로 그물을 채울까

잠깐 얘기 좀 해요
수렵에서 돌아온 사내에게 그물을 던진다

공중에 입이 날아다닌다
부딪힌 말 조각들이 부서져 내린다

촘촘한 그물이 살갗에 닿자
사내의 혀가 감긴다

꼬리를 잡으면 머리가 되고

머리를 잡으면 꼬리가 되는
화살 하나가 급소에 박힌다

바깥이 얼어붙는다

망치고기

강릉 남항진에 갔어

소주 한잔에 저릿한 물고기
멍하게 다가오는 통증

파도 소리는
불규칙한 파동으로 온몸을 타고 넘었지

바다는 날것으로 파닥거리고
갈매기 울음은 비릿하게 흩어졌어

슬픔은 기억의 저편에서
쿵쿵거리며 다가왔지

식당 벽
망치질한 낙서들

내가 망치로 살았을 때
누군가도 굳은살이 박였을까
〈

나도 망치에 맞아 본 적 있어
테트라포드 아래 납작 엎드렸지

수평선으로 날아간 새를 바라보는데
바다는 망치 소리로 가득했어

스며든다는 것

나는 스며든다

개울에 비친 달처럼
병아리 망막에 맺힌 하늘처럼

물까치가 나무에 앉아 날개를 접듯
바람이 놀란 토끼의 고막을 간질이듯

별꽃 핀 밤하늘에 유성이 내리면
주춤하던 계절이 다가오듯

지나가는 노을이
창가에 머무르듯

구름이 달을 스치듯
쇠백로가 물가를 걷듯

철 지난 잎새가 땅에 닿는 것 처럼
잠자던 아이가 눈을 뜨는 것 처럼
〈

스며든다는 것은
먹물이 흰 종이에 번지듯

살며시
당신에게

⊗해 설

여기 우리가 굽어지는 시간

정기석(문학평론가)

1. 시간의 결정

기억은, '당신'을 끝내지 않아도 된다는 절망 어린 상투성이다. 인간의 신체는 시간을 담는 그릇이고, 한 인간의 신체에는 시간의 기억들이 켜켜이 쌓여 있다. 대부분의 기억들은 일상의 표층 아래 유기된 채 다시 희미하게 빛날 때를 기다리고 있지만, 어떤 장면은 필름처럼 얇고 투명해서 어두운 데서 펼쳐 보면 그 뒤에 '당신'이 비치곤 한다. '당신'만이 기원처럼 두텁다. '당신'에 대한 기억들은 시간 결정結晶을 이루고 있다. 기억의 영사기가 작동하면 그것은 그날의 온도와 냄새와 느낌을 반사한다. '당신'은 과거와 미래에 걸쳐져 있어서, 시간이 펼쳐지면 우리는 언제가 되든 '당신'을 만날 것을 안다.

펼쳐진 시간은 '당신'을 통해 자기를 드러낸다. 그리고 우리는 안다. 일상을 지속하기 위해선 '당신'으로 인

한 시계열時系列의 혼란을 다시 잠재워야 한다는 것을. 펼친 기억은 다시금 개어져 어두운 구석에 놓여야 한다는 것을. '당신'이 드리운 긴 그림자는 어둠 속에 저물어야 한다. 하지만 동시에 우리는 또 안다. 그 저묾이 사라짐은 아니라는 것을. 때로 눈에 띄지 않아도 개밥바라기별처럼 거기 있다는 것을. "시간이 우리에게 보여주는 것은 시간에 쓸려 사라질 것들의 목록"[1]이지만, '당신'의 시간은 사라지지 않는다. 목록의 처음, 예컨대, '두 몸을 끌어안은 처음'(「두 몸을 끌어안은 처음」) 같은 시간이 그러하다. '당신'은 사라지지 않고, '당신'이 사라진 뒤에도, 시간은 '당신'을 살아간다. 이제 '당신'의 시간은 과거가 아니라 공시간共時間이다. '당신'으로 인해 시간은 나뉘지 않는다. 아니, 애초에 나뉜 적이 없었던 것으로, 서로에게 드리워진 한 덩어리로 시간은 '당신'의 '나'를 살아간다.

최태식 시인은 삶 속에 접힌 시간을 펼쳐내면서, 시간 속에서 견디고 있는 '당신'과, 우리가 삶이라고 부르는 것을 시 속에 머물게 한다. 다만 '당신'이 지금 부재하다면, 현실에서 기억 속 '당신'과 실제 만날 수는 없으니 그

---

[1] 헤럴드 슈와이저, 『기다리는 사람은 누구나 시인이 된다』, 정혜성 옮김, 돌베개, 2018, p.149.

만남은 다분히 마법적인 시의 시간이다. 그러므로 시인은 "마법에 걸린 항해사"(「마법에 걸린 항해사」)이고, 어느 기억 세계를 펼쳐내기 위한 여정 중에 있다. 하지만 이 마법적 만남에는 항해의 고단함이 필연적으로 요청된다. 그것은 삶을 견디면서 만들어낸 시적 시간이다. 그것은 '나' 이전에 '당신'이 먼저 "모진 시간을/휘어지며 견딘" 덕분이다. "휘어지며 견딘" '당신'이 "굽은 몸으로/백년송이 되"어 준 덕분이다.(「곡선의 미학」). 그 "아픔도 눈이 부"셔서, 이를 "저편으로 떠나보낼 수 없는" 시인은 "기억을 삼키며/계절을 웅크린다"(「명성산 억새」). 그러면 다시 '당신'은 "긴 여행의 활자를 풀어놓"는다(「차※ 우림」). 그 속에서 우리는 우리 각자의 '당신'을 만난다.

 '내'가 시간을 사는 것이 아니라 시간이 주어가 되어 '나'와 '당신'을 산다. 시간이 '나'를 끌고 가고 '나'는 접히고 펼쳐지면서, 접힘과 펼침의 삶의 굴곡 속에서, 최태식 시인의 시는 그 견딤을 제 몫으로 두기로 한다. 시는 시간의 무게를 함께 떠안기로 한다. 그리고 언제나 그러했듯이 지금의 시-시간도 접혀질 것임을 안다. 지금 시집을 펼친 '당신'이 시로 두터워지는 순간이다. "함께 울어"(「명성산 억새」) 만들어내는 시간의 결정이다.

2. 접기-펼치기

어느 한때의 장면 속에서 '당신'이 시간을 견디고 있다. 어떤 시간이고 어떤 장면일까. "한 세계는 사랑받는 사람 속에 함축되어 있고 감싸여져 있으며 마치 수형자처럼 갇혀 있다." 그러므로 "사랑, 그것은 사랑하는 사람 속에 감싸여진 채로 있는 우리가 모르는 세계들을 '펼쳐 보이고 전개시키고자' 하는 우리의 노력"이다.[2]

그런데 사랑하는 사람이 과거의 존재라면 어떨까. 과거의 존재라도 우리는 여전히 기억 속 사람에게 감싸여진 채로 있는 세계를 펼쳐 보이고 전개시킬 수 있을까. 여기에 어떤 마법적인 작용이 깃든다면, 이를 가능하게 하는 것이 시가 아닐까. 것이다. 시는 사랑하는 이의 과거를 현재로 불러들일 것이다. 때로 그것이 무척 비애적인 방식일 때라도 그러하다.

'당신'은 '내' 안의 어느 시간에 맺혀 있다.

> 내 안에 맺힌 당신을 닦아내면
> 조용한 호수가 떠오르지

---

[2] 질 들뢰즈, 『프루스트와 기호들』, 서동욱 외 옮김, 민음사, 2004, p.31.

〈
나는 당신을
백조라고 불렀어

쉼 없는 물질을 하지만
두 발은 보이지 않아

수건을 접어
수납함에 넣는 수고를 모르지

당신은 접기의 달인
나는 펴기에 능했어

베란다에 칼랑코에가 시들해진 날

당신이 호스피스 병동에서
하얀 손바닥을 펼 때
나는 수도 없이 눈꺼풀을 접었지

- 「수건 접기」 전문

'당신'은 접는 사람이다. '당신'의 수고는 좀처럼 드러나지 않은 채, '당신'은 삶의 고된 일들을 견디고 감수하며 살아왔다. 그리고 '나'는 펼쳐내는 사람, 펼쳐내느라 '당신'이 인내하고 감수하며 접어온 시간을 몰랐을 것이다. "칼랑코에가 시들해진 날", '당신'이 "호스피스 병동에서/하얀 손바닥을 펼 때", '내'가 목도한 것은 무슨 장면이었을까. 그것은 '당신'이 사는 내내 접어왔던 것들, 예컨대, 삶에 필연적으로 따라붙는 비애와 울화를 감수하고 버텨온 시간을 모두 펼쳐낼 수밖에 없던 어떤 삶의 끝일까. 한 생애의 실제적인 끝이든 은유적인 마지막이든 그것이 어떠한 시간에 대한 마감인 이상 마지막에는 늘 비극적 요소가 따라붙는다. 한 삶의 끝이라는 '당신'의 비극, 그리고 뒤늦게 알게 되었으나 되돌릴 수 없는 '나'의 비극성이 이중으로 장면의 배후를 점한다. 그러므로 '나'는 '당신'이 펼쳐지는 시간을 붙잡고, 멈추게 하고, 그리고 또 그 시간을 각인하기 위해 "수도 없이 눈꺼풀을 접"는다.

'당신'이 "하얀 손바닥을 펼 때" 동시에 펼쳐진 것은 '당신'이 견디며 접어 온 삶의 풍경들이다. '나'는 그것을 목도하며 '당신'과의 시간을 환기한다. 그리고 그것을 어떻게든 거두어들이기 위해서 '당신'을 대신해 그 시간들을 담으려 "수도 없이 눈꺼풀을 접"기도 하는 것이다. 하지만 또 '나'는 시를 통해 삶의 단락들을 펼쳐내는 사람이다. 시인의 일이란, 그날 "수도 없이" 접은 "눈꺼풀"을 펼쳐내는 일이다. 시인인 '나'는 뒤늦게 위 시와 같은 장면을 펼쳐낸다. 그날의 고통을 시를 펼치며 다시 겪는다. 그리고 시적 펼침은 역설적이게도 그날의 온도와 냄새와 느낌이 소실되지 않도록 시로써 접어두는 일이다. 행과 행 사이에 당신이 접어왔던 시간의 주름을, 그리고 그날을 다시 살기 위해 시인은 시의 시간을 견딘다. 그러므로 시인의 비극은 늘 이중주다. 그리고 이렇게 조성된 시의 현재적 시간 안에서 그날의 접음과 시가 현전하고 있는 지금의 펼침은 동시에 이루어진다. 시인은 그것이 삶의 리토르넬로가 되도록 이중주의 비극을 반복한다.

지나간 과거와 '당신'의 부재를 반복하는 것은 고통스러운 일이다. 하지만 시인은 고뇌의 시간을 계속해서 "감내"하기 위해서 "고통이 아무리 가혹한 것이라 할지라도" "온 힘을 다해 거기에 매달"린다.[3] '당신'을 대신해, '당신'이 부재한 시간을 견딘다. 왜 그럴까. '당신'이 시간 속에 사라지는 것보다, '당신'의 부재와 함께하며 부재를 견디는 것이 '우리'를 더욱 두텁게 하기 때문일 것이다. '당신'이 '내' 시간의 주름 속으로 접혀 들어간다. '나'는 애초

---

3) 마르셀 프루스트, 『잃어버린 시간을 찾아서 7』, 김희영 옮김, 민음사, p.285.

부터 '당신'이 스며있는 '우리'였다. 우리의 시간은 접힘과 펼침이 공동 발생한다. 부재를 감당할 때라도, 그것이 아무리 비극적인 방식일 때라도. 부재한 당신과 함께 삶을 견디는 것, 기억이 "함께 울어주는 곳"(「명성산 억새」), 시간의 기억이자, 삶의 장소이다.

3. 시간-견딤

그리고 '당신'은 '접히는' 사람이다. '당신'은 삶의 무게를 감당한다. 시인은 당신이 견딘 삶의 '무게'가, '당신'을 접히게 한 무게가 자신이었음을 뒤늦게 안다. "어머니의 정수리를 누른 중력/그것은 바로 나의 직립"이었고, "모진 시간을/휘어지며 견딘" '어머니'의 "굽은 몸"은 '어머니'가 삶 속에서 견디어 온 무게를 증거한다. 동시에 "굽은 몸"의 '곡선의 미학'이 '나'를 증거한다.

'당신'이 견뎌온 것들, '당신'이 "짊어진 것의 무게"는 "감당의 유토피아"를 만든다. "이것이 운명이라면 견디어 내겠다는 의지"[4], 그것이 '당신'의 삶이었을 것이고, 그 감

---

4) 김홍중, 『은둔기계』, 문학동네, 2020, p.280.

당을 유토피아로 여기게끔 한 것이 '당신'의 '나'였을 것이다. 삶에는, 그 삶을 감당해야 할 이유가 되는 누군가가 있는 한, 때로 고됨에도 유토피아가 깃든다. 그러므로 기억 속 '당신'도, 시적 현재에 현현한 '당신'도 그저 기억의 대상이 아니라 견딤의 시간을 통해 지금과 이후의 서로에게 스며들며 삶을 만든다. 과거가 현재 안으로 스며들고, 물들고, 시간의 두께를 두텁게 한다. 관계를 통해 두터워지는 시간은 아마 많은 부분 함께한 울음으로 가득했을 테지만, 그것 역시 삶이다.

함께 우는 소리들과 함께 "바다는 망치 소리로 가득"하다. '나'도 "망치처럼 살"며 "누군가"에게 "굳은살"을 박히게 한 적 있고, "나도 망치에 맞아 본 적 있"다(「망치고기」). 이는 물론 '나'와 '타인'에 대한 서사이면서, '나'를 담금질하고 만들어내는 것이 결국 '타인'이고 '당신'인 만큼, 삶에 대한 이야기이다. 삶이 있는 곳은 어디든 "망치 소리로 가득"하다. 우리가 내내 그러해 왔듯이 누군가는 삶을 견디고 있다.

삶의 중력을 견디다 보니 납작하게 들러붙은 시간의 층리層理, 견딤의 시간이 만드는 굳은살 아래, 얼마나 많은 '나'와 '당신'의 시간들이 접혀 들어가 있을까.

    기어들 움막에 피붙이 하나 없어

마음속 화산 하나쯤 있었을 텐데도
갠잔애 갠잔애

고된 몸을 추스르며
빈손을 기대던 그 말

그를 닮아 나도 덩달아 무뎌졌다

설 자리를 잃을 때마다
외진 감정을 더듬어 본다

가시를 모두 빼낸 말
갠잔애 갠잔애

- 「갠잔애」 부분

 '우리' 각자는 나름의 이유로 삶의 중력을 견디고, 원치 않게 접히고 눌린 채 산다. 하지만 때로 '곡선의 미학'이나 '감당의 유토피아'가 발현하는 것처럼, 삶에는 언제든 주어진 것 이상이 있다. "새벽과 함께 괭이 메고 나가는" 어린 시절 기억 속 '그'는 삶의 중력 앞에서 '접음'의 미학을 보인다. "고된 몸을 추스르"면서 고단함을 받아들인다. 괜찮다고, 바깥에서 가해지는 압력을 속내에 묻고, 울분을 주름 속에 접어두면서도 괜찮다고, 하며 통증을 감수하는 시간들이 삶의 층리에 쌓인다. 이것이 실은 가장 보통의 삶에 가깝지 않은가. "한 존재가 이룰 수 있는 최대치의 업적은 창조도, 발명도, 경험도 아닌 감당"인 것이다.[5]

"갠잔애 갠잔애"라는 말은 고된 현실을 회피하려는 허언이 아니라 삶의 무게를 감당하며 고통의 결을 재배치하는 주술적 언어다. 세상의 두드림을 견디곤 스스로에게 하는 담금질 같은 말이다. 세상의 모서리를 무디게 하고, 그럼으로써 그때 "나도 덩달아 무뎌"지게 했듯 감당의 '굳은살'을 전이하는 메시지이다. 소극적 회피가 아니라, 세계에 대한 수동적 맞섬이다. 보통의 삶 대부분이 그러하듯, 세계를 지탱하는 가장 굳건한 층리가 그러한 감당이고, 그리고 '그'의 '갠잔애'가 지금 시인의 시가 되었듯, 살아감에 대한 언어적 현시이다.

최태식 시인의 시는, 그러므로 견딤과 삶의 등치 속에서 구성된다. "아래로만 던져지는 절망에도/죽지 않고 살아온 우리", "종일 비가 내"려도 삶이다(「서로가 개밥으로 어두워질 때」). 서로에게 저물며 어두워지는 '함께'

---

5) 김홍중, 같은 책, p.282

의 울음이다. 서로라고 할 만한 '당신'이 없을 때라도, 괜찮을 것이다. 괜찮다, 이것은 두 번 말해져야 하는 표현이다. 뒤의 말이 앞의 말을 감당하며, 다독인다.

4. 두 몸을 끌어안은 처음

나는 기다리는 사람

…중략…

댓잎이 안무를 펼치듯
몸에서 퍼져 나오는 입김으로
너는 긴 여행의 활자를 풀어놓지

나는 천천히 우림과 숙우를 거치며
엄지와 검지로 너의 허리를 감싸고
사막여우의 눈으로 가늠하지

순간, 시간은 멈추고
온통 너만 보여
〈

구름 사이로 그어진 달의 문신이

내 손길에 닿으면

너는 빛과 바람의 행적을 멈추고

우리는 비로소 따뜻한 한 몸이 되지

-「차茶 우림」 부분

「차茶 우림」의 표층의 이미지는 제목이 가리키듯 다도茶道에 대한 것이고, 여기서 '너'는 '댓잎'으로 표상된다. 시는 조각나고 마른 '댓잎' 속에 켜켜이 접힌 시간을 펼쳐내고 그것이 '나'와 서로에게 스미는 과정을 추적한다. 이는 다도의 장소에서 "출처를 알 수 없는 문맥"을 추적하고 '대나뭇잎'이라는 세계가 구성되어 찻잎으로 '여기' 오고, 그리고 그것이 우려지길 기다리며 이윽고 차를 마시는 과정이며, '댓잎'이 "빛과 바람의 행적"을 따라오던 걸 멈추고, '나'와 어울려 "따뜻한 한 몸이 되"기까지의 일이다. 시인은 '차'를 마신다고 하지 않고, '우리'가 "따뜻한 한 몸"이 된다고 쓴다. '댓잎' 속에 축적된 세계 전체를 감각하고 감응하는 것, 두 세계가 서로에게 스며드는 일인 것이다.

'댓잎'의 조각이 지나오고, 그것에 쌓인 "빛과 바람의 행적"이 '나'에게 스며들고, 동시에 '나' 역시 "빛과 바람의 행적" 중 하나가 된다. 이것은 분명 '차'를 우리는 것에 대한 시이되, '차'라는 표층의 어휘는 이내 '기다림과 스며듦의 과정'이라는 의미에 시적 양태를 양보한다. 앙리 베르그송이 설탕이 물에 녹기를 기다리는 것에 대해 작성한 철학적 언술이 다만 '설탕'에 관한 철학이 아니듯, 시인의 '차 우림'은 다만 차에 대한 언술에 그치지 않는다. 그것은 세계와 세계가 만나고, 다른 세계 안에 축적되고 접힌 것들을 펼쳐내는 일이다. '댓잎'의 역사를 '사막여우'의 눈으로 보는 일, 하나의 작은 세계가 여기까지 닿기를 기다리고, 여기에 닿은 시간 속에 '나'를 기꺼이 내어주는 일이다. '나'는 사막 속에서 사막여우의 눈을 보고 그 속에 스며든다. 지난 행적과 공시간적으로 함께하며, 서로의 시간을 기다리고 스며드는 모든 마주침에 대한 시이다. 한 몸 안에 스며듦, 그것은 세계를 공동 창조하는 시간이다.

"댓잎이 안무를 펼치듯/몸에서 퍼져 나오는 입김으로" "긴 여행의 활자를 풀어놓"는 것. 그러므로 서로의 세계를 펼쳐내는, 사랑 다름 아닌 것을 우리는 '존재론적 안무'라 부른다. "자신들이 물려받은 몸과 마음의 역사를 통해 발명해내고, 그들을 그들로 만들어주는 육체적인 동사로 다시 만들어"내는 것이다.[6] '차'가 '내' 속으로 스며드는 만큼 '나'는 '차'의 역사와 한 몸이 된다.

다른 길과 하나 되어

한껏 몸을 바꿀지라도

물은 길을 포기하지 않았다

시간을 갈아타며

기다림 하나로 버텼다

처음부터 하나였을까

마치 오래전 사람처럼

너와 나

피를 나눈 이산가족

뼛속을 뚫고

어디로 가느냐고 어떻게 왔느냐고

물어도

부둥켜안고 앞으로만 나아간다

　　　　　　　　-「두 몸을 끌어안은 처음」 부분

---

6) 도나 해러웨이, 『해러웨이 선언문』, 황희선 옮김, 책세상, 2019, p.240.

기다림은 수동적인 견딤의 시간이다. 하지만 이 수동성은 소극적이지도 부정적이지도 않다. 기다림은 견딤의 시간을 통해 다른 것과 연루됨으로써 존재론적 안무에 스스로를 맡기기 위한 견딤이다. '물'은 서로 다른 길에서 만나서 한 몸을 이루어 나아간다. 두 길의 물이 '두물머리'에서 만나는 것은 하나로 합쳐져도 변하지 않는 물의 본질에 대한 은유가 아니라, "한 신체가 다른 신체를 만날 때" 결합된 것이 "보다 큰 능력을 갖는 하나의 전체"[7]를 이루는 존재론적 역량의 증가에 가깝다. 특히 하나가 다른 하나를 대체하거나 파괴하지 않는 방식으로, 부둥켜안고 함께 가는 것이다. 물이 결국 바다를 향하듯이, 더 넓고 낮은 방향으로 나아가는 것이다.

우리는 서로를 끌어안고 서로의 무게를 감당하며 더 커진 존재론적 역량으로 나아간다. 그 끝은 우리가 여기까지 오는 동안 잃어왔던 모든 것이 함께 있는 곳일 것이다. 지금의 '나'처럼 분화되기 이전에 어쩌면 우리가 서로를 '끌어안은 처음'처럼 가장 컸던 곳일 것이다. 이 합쳐짐은 기쁨이지만, 과거의 '당신'과 현재 부재한 '당신'을 함께 끌어안은 기쁨이다. 시에서라면, 당신의 부재도 안

---

7) 질 들뢰즈, 『스피노자의 철학』, 박기순 옮김, 민음사, 2001, p.34.

고서, 그래서 슬픔 속에서라도 기쁠 수 있다. 없는 당신을 안고도 춤을 출 수 있다.

5. 스며드는 삶의 공동 창조

철로鐵路의 폭이 '1,435밀리'의 평행선으로 이어지듯, 두 개의 철제 레일이 나란히 계속되듯, 마주침이 없을 걸 알면서도 철로는 단지 '당신'을 그리는 마음으로 나아간다. 최태식 시인의 시는 만날 수 없음의 불가능을 시적 현전 속에 조우시킨다. 두 개의 철제 레일 중 하나는 '나', 다른 하나는 '당신'으로 표상될 수 있고, 현재의 '나'와 과거의 '당신'일 수도 있다. 혹은 서로 다른 삶을 사는 가능 세계의 두 시간대일 수도 있다. 그리움이 추동하는 시의 현전은 마주칠 일 없는 존재들의 역사를 넓고 낮은 덩어리 속에 얽히고 스미게 만든다.

실재의 철로라면, 그리움의 나아감 속에서 레일의 두 라인은 겨우 아주 멀어지지 않을 뿐이지만, 뒤돌아보면 (혹은 멀리 앞을 보면) 끝내 평행선일 두 라인이 휘어짐 속에서 만나고 있음을 볼 수 있다. 철로의 폭 "1,435밀리"는 "팔 벌리면 닿을 수 있는"(「1,435밀리」) 거리이고, 팔 벌리면 안을 수 있는 시간들이며, 그 속에서 만나게

되는 '당신'이다. "굽은 몸"(「곡선의 미학」)으로 휘어진 이 견딤 속에 시간의 스며듦이 있다. 그것이 '당신'에게 스며드는 것이고, 삶에 스며드는 것이다. 그러므로 최태식 시인에게서 '시'와 '당신'과 '삶'은 각각이 다르지 않은 것으로 서로 스며들어 있다.

  시인은 시를 통해서, 그리고 우리 각각의 삶이 여기까지 오면서 만난 모든 '당신'의 단독성singularity이 훼손되지 않는 선에서 우리가 서로의 보편적 '당신들'과 만나는 자리를 마련한다. 우리는 "개울에 비친 달처럼/병아리 망막에 맺힌 하늘처럼" "구름이 달을 스치듯/쇠백로가 물가를 걷듯" "먹물이 흰 종이에 번지듯//살며시/당신에게" 스며든다(「스며든다는 것」). 우리는 서로 스며들기 위해서, 삶 속에서 서로를 견디고, 굽었을 뿐이다. '당신'의 몸이 굽은 것은 삶을 견뎌온 시간을 안기 위함이다. 그러니 삶 속에 굽어진 시간이 미학을 만든다. 당신은 삶을 어떻게 견뎌왔는가. 우리는 삶을, 서로를, 더 잘 안기 위해 굽었을 뿐이다. 다시, 이 시간 속에서 우리는 장면을 접고 또 펼치며 우리를 공동 창조한다. 때로 비극이고 비애일지라도, 괜찮다. 우리는 시간에 스며든다. 시간이 우리를 언제 펼쳐낼지 알 수 없지만, 그것이 삶이라는 것을 안다.

상상인 시선 065

아무 일 없는 듯

지은이 최태식
초판 1쇄 발행 2025년 10월 16일 **초판 2쇄 발행** 2025년 11월 13일
펴낸곳 도서출판 상상인 **편집주간** 황정산 **펴낸이** 진혜진
표지디자인 최혜원 **기획·마케팅** 전은빈 최유림 노혜림 정현수
책임교정 종이시계 **편집** 세종PNP
등록번호 제572-96-00959호 **등록일자** 2019년 6월 25일
주소 06621 서울시 서초구 서초대로74길 29, 904호
전화번호 02-747-1367, 010-7371-1871
팩스 02-747-1877 **전자우편** ssaangin@hanmail.net

ISBN 979-11-7490-014-2 (03810)

값 12,000원

* 이 책은 전부 또는 일부 내용을 재사용하려면 반드시 저작권자와 도서출판 상상인의 동의를 받아야 합니다.
* 이 도서의 국립중앙도서관 출판시도서목록(CIP)은 서지정보유통지원시스템 홈페이지(http://seoji.nl.go.kr)와 국가자료공동목록시스템(http://www.nl.go.kr/kolisnet)에서 이용하실 수 있습니다.